Coleção Eu gosto m@is

CIÊNCIAS

CÉLIA PASSOS

Cursou Pedagogia na Faculdade de Ciências Humanas de Olinda – PE, com licenciaturas em Educação Especial e Orientação Educacional. Professora do Ensino Fundamental e Médio (Magistério) e coordenadora escolar de 1978 a 1990.

ZENEIDE SILVA

Cursou Pedagogia na Universidade Católica de Pernambuco, com licenciatura em Supervisão Escolar. Pós-graduada em Literatura Infantil. Mestra em Formação de Educador pela Universidade Isla, Vila de Nova Gaia, Portugal. Assessora Pedagógica, professora do Ensino Fundamental e supervisora escolar desde 1986.

5ª edição
São Paulo
2022

2.º ANO ENSINO FUNDAMENTAL

IBEP

Coleção Eu Gosto Mais
Língua Portuguesa 2º ano
© IBEP, 2022

Diretor superintendente	Jorge Yunes
Diretora editorial	Célia de Assis
Coordenadora editorial	Viviane Mendes
Editor	Soaria Willnauer
Assistente editorial	Stephanie Paparella e Isabela Mouzinho
Revisores	Márcio Medrado e Mauro Barros
Secretaria editorial e processos	Elza Mizue Hata Fujihara
Departamento de arte	Aline Benitez, Gisele Gonçalves
Iconografia	Ana Cristina Melchert
Ilustração	José Luis Juhas/Ilustra Cartoon e MW Ed. Ilustrações, Ricardo Paonessa
Assistente de produção gráfica	Marcelo Ribeiro
Projeto gráfico e capa	Aline Benitez
Ilustração da capa	Gisele Libutti
Diagramação	N-Public

DADOS INTERNACIONAIS DE CATALOGAÇÃO NA PUBLICAÇÃO (CIP) DE ACORDO COM ISBD

P289e

Passos, Célia
    Eu gosto m@is: Ciências 2º ano / Célia Passos, Zeneide Silva. – 5. ed. – São Paulo : IBEP – Instituto Brasileiro de Edições Pedagógicas, 2022.
    106 p. : il. ; 20,5cm x 27,5cm. – (Eu gosto m@is)

  ISBN: 978-65-5696-156-9 (aluno)
  ISBN: 978-65-5696-157-6 (professor)

  1. Ensino Fundamental Anos Iniciais. 2. Livro didático. 3. Ciências. I. Silva, Zeneide. II. Título. III. Série.

2022-2421   CDD 372.07
                                          CDU 372.4

Elaborado por Odilio Hilario Moreira Junior – CRB-8/9949

Índice para catálogo sistemático:
1. Educação – Ensino fundamental: Livro didático 372.07
2. Educação – Ensino fundamental: Livro didático 372.4

5ª edição – São Paulo – 2022
Todos os direitos reservados

IBEP

Rua Gomes de Carvalho, 1306, 11º andar, Vila Olímpia
São Paulo – SP – 04547-005 – Brasil – Tel.: (11) 2799-7799
www.editoraibep.com.br

Impreso en Mercurio S. A.
mercurio.com.py | 10597
Asunción - Paraguay

APRESENTAÇÃO

Querido aluno, querida aluna,

Ao elaborar esta coleção pensamos muito em vocês.

Queremos que esta obra possa acompanhá-los em seu processo de aprendizagem pelo conteúdo atualizado e estimulante que apresenta e pelas propostas de atividades interessantes e bem ilustradas.

Nosso objetivo é que as lições e as atividades possam fazer vocês ampliarem seus conhecimentos e suas habilidades nessa fase de desenvolvimento da vida escolar.

Por meio do conhecimento, podemos contribuir para a construção de uma sociedade mais justa e fraterna: esse é também nosso objetivo ao elaborar esta coleção.

Um grande abraço,

As autoras

SUMÁRIO

LIÇÃO

1 A Terra 6
- A Terra e a Lua 7
- A Terra e o Sol 7
- As mudanças de posição da luz do Sol 11

2 O ambiente 17
- Os componentes do ambiente 18

3 Os seres vivos e o ambiente 31
- Ambientes naturais e ambientes transformados 37

4 As plantas 42
- As plantas com flores 42
- As partes das plantas com flores 43
- A reprodução das plantas com flores 47
- Experiência da germinação do feijão 50
- Como as plantas podem se desenvolver de caules e raízes? . 51

LIÇÃO

5 **As plantas e os seres humanos** 54
- Jardim, horta e pomar 56
- Plantas tóxicas 57
- Plantas em extinção 58

6 **Nutrição das plantas** 65
- A fotossíntese 66

7 **Os objetos do cotidiano** 70
- Os materiais usados para fazer os objetos 71

8 **Prevenção de doenças e de acidentes** 80
- Prevenindo doenças 81
- Prevenindo acidentes 84

ALMANAQUE 89
ADESIVO 105

LIÇÃO 1

A TERRA

Observe a imagem a seguir. Ela mostra o nosso planeta observado do espaço.

O planeta Terra visto do espaço.

A Terra é o planeta onde vivemos e ele pode ser fotografado do espaço por meio dos satélites artificiais construídos pelos seres humanos.

Nosso planeta não está sozinho no espaço. Há diversos corpos celestes presentes, como outros planetas, as estrelas, a Lua e o Sol.

A Terra e a Lua

À noite, quando olhamos o céu, além das estrelas vemos a Lua. Ela é um satélite natural e gira em torno da Terra. Nós só conseguimos ver a Lua por causa da luz emitida pelo Sol.

A Terra e a Lua vistas do espaço.

A Terra e o Sol

O Sol é uma grande estrela que ilumina e aquece a Terra. A luz do Sol é indispensável para a vida dos seres vivos. Animais e plantas recebem luz e calor do Sol.

Assim como a Lua, a Terra gira, mas em torno do Sol. O tempo de duração de uma volta completa da Terra ao redor do Sol é de 365 dias, ou seja, um ano.

A Terra também gira em torno de si mesma, como um pião. Para completar uma volta ela leva 24 horas, ou seja, um dia.

A Terra gira em torno do Sol.

A Terra gira em torno de si mesma.

Conforme a Terra gira em torno de si mesma, o lado dela que fica voltado para o Sol é iluminado e nesse lado é dia, enquanto no lado oposto é noite.

ATIVIDADES

1 Pinte o desenho que representa o lugar onde vivemos.

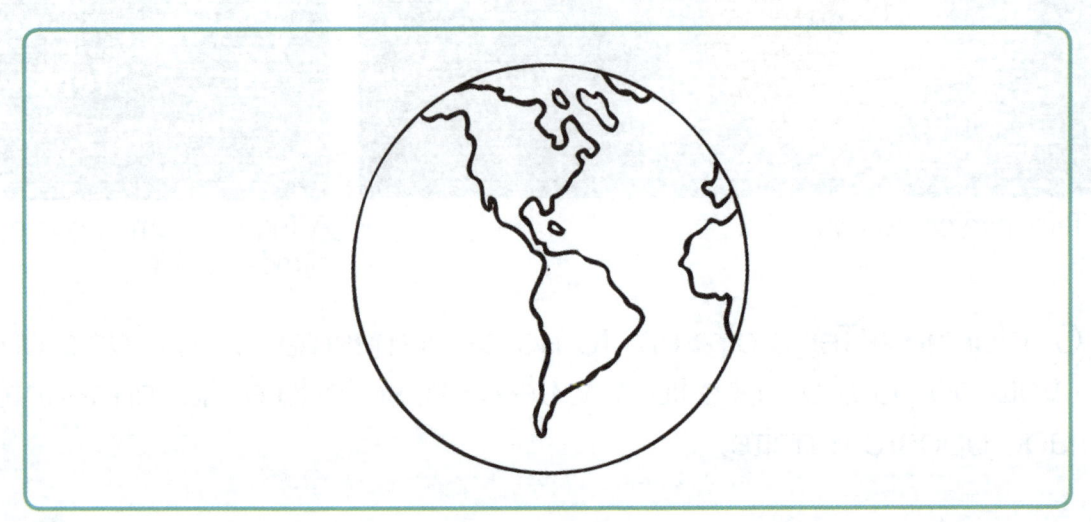

2 Marque a resposta correta.

a) A Terra gira em torno:

☐ da Lua.   ☐ do Sol.   ☐ das estrelas.

b) O satélite da Terra é:

☐ a Lua.   ☐ o Sol.   ☐ uma estrela.

c) Para dar uma volta completa ao redor do Sol, a Terra leva:

☐ 365 dias.   ☐ 1 dia.

3 Encontre o nome do que está representado nos quadrinhos no diagrama a seguir.

M	T	V	L	U	A	T	C
J	E	G	S	B	H	Z	Z
L	R	I	M	S	P	P	R
A	R	M	U	O	P	Z	R
C	A	M	U	L	S	X	O
E	S	T	R	E	L	A	C

4 Ao observar o movimento aparente do Sol no céu, podemos dividir o dia em períodos. Analise as duas pinturas do artista Vicent van Gogh e escreva abaixo de cada uma o período do dia que está representado.

A noite estrelada, de Vincent van Gogh, 1889. Óleo sobre tela, 73,7 cm x 92,1 cm. Museu de Arte Moderna de Nova York (MoMA), EUA.

Campo de trigo com ciprestes, de Vicent van Gogh, 1889. Óleo sobre tela, 73 cm x 93,4 cm. Museu Metropolitano de Arte, Nova York (EUA).

Vicente van Gogh foi um artista que viveu entre 1853 e 1890. Ele nasceu em Amsterdã, na Holanda. Durante sua vida, produziu centenas de pinturas como essas duas que você acabou de ver.

As mudanças de posição da luz do Sol

Você já reparou na posição do Sol durante o dia? Parece que ele muda de lugar. Na verdade, quem se movimenta é a Terra, e por causa disso parece que o Sol vai caminhando de um lado para o outro conforme as horas do dia passam. Podemos observar essa mudança pela sombra que a luz do Sol faz nos objetos.

Manhã.   Meio-dia.   Tarde.   Noite.

Na ilustração, a sombra muda de tamanho conforme a luz solar incide sobre o objeto.

Isso é perceptível quando estamos ao ar livre. Durante as primeiras horas da manhã, nossa sombra é grande. Ao meio-dia, ela diminui porque o Sol está na posição mais elevada em relação a nós. Depois, conforme vai anoitecendo, o Sol começa a baixar e a sombra volta a ser grande, só que do lado oposto ao da formada pela manhã.

Você já percebeu isso quando está ao ar livre? Na praia ou em um parque, isso é muito visível.

Essa mudança de posição de luz do Sol sempre foi observada pelos seres humanos. Ela, inclusive, deu origem ao relógio de sol.

A história do relógio de sol é bem antiga. Ele é usado há mais de 3 mil anos e funciona com base na projeção da sombra de uma haste de metal presa em uma base onde estão escritas as horas do dia. Conforme o tempo passa, a sombra muda de posição, permitindo que se identifiquem as horas.

Relógio de sol com a haste de metal que projeta a sombra indicando as horas do dia. Veja que os números vão de 5 a 20, acompanhando o longo período de luz solar que podemos ter em um dia.

ATIVIDADES

- Numere cada cena conforme o período do dia.

  1 Nascer do sol.   **2** Meio-dia.

  3 Pôr do sol.   **4** Noite.

12

EU GOSTO DE APRENDER

Acompanhe a leitura do que você aprendeu nesta lição.
- A Terra é o planeta onde vivemos.
- A Lua é o satélite natural que gira ao redor do nosso planeta.
- A Terra gira em torno do Sol e de si mesma.
- O Sol é uma grande estrela que ilumina e aquece a Terra. Sua luz é indispensável para a vida dos seres vivos.
- Durante o percurso que a Terra faz ao redor do Sol em um ano, o clima e a duração do dia e da noite vão mudando.
- Podemos perceber a mudança aparente de posição do Sol pelas sombras, pois elas têm tamanho e sentido diferentes no decorrer das horas do dia.
- O relógio de sol é feito a partir da sombra projetada pela luz do Sol em uma haste.

ATIVIDADE

- Vamos construir um relógio de sol.

Com a ajuda do professor, vocês vão acompanhar o passar das horas por meio da sombra que a luz do Sol provoca ao incidir sobre os objetos.

LEIA MAIS

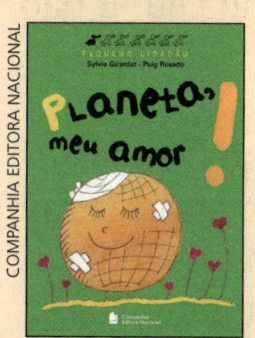

Planeta, meu amor!

Sylvie Girardet. Companhia Editora Nacional, 2007.

Nas cinco fábulas de *Planeta, meu amor!*, pequenos e grandes "ecocidadãos" discutem e procuram agir em benefício do planeta e de todos que vivem nele.

EU GOSTO DE APRENDER MAIS

O olhar do índio sob o céu brasileiro

De segunda a sexta, o despertador de Joaquim toca às seis da manhã. [...]. No cotidiano de Joaquim, assim como no nosso, é fácil encontrarmos várias referências de tempo e de espaço: hora, dia, estações do ano [...].

Imagine se o relógio de cada aluno marcasse uma hora diferente dos demais! A turma jamais chegaria junta à escola, certo? Por isso, é preciso que haja um horário comum. Ou seja, uma unidade de tempo que vale para um grupo de pessoas, que pode ser de um mesmo país, religião ou tribo. Tribo?! Sim, senhor! Assim como nós, os índios também adotaram unidades de tempo e espaço... Aliás, elas se parecem muito com as nossas!

Não é à toa. Afinal, as unidades de tempo e espaço indígenas foram estabelecidas de acordo com os ciclos dos corpos celestes. Como assim? Bem, há cerca de quatro mil anos, os índios já percebiam que os fenômenos naturais se repetiam: o dia é seguido da noite; o mar sobe e desce constantemente; a época do ano em que faz frio (inverno) é seguida daquela em que as flores nascem (primavera), depois vem a quente e úmida (verão) e o período em que as flores caem (outono), e depois tudo recomeça! Eles observaram que os ciclos são influenciados pelos movimentos aparentes do Sol e da Lua ou pela posição de certas estrelas no céu. E não pararam por aí!

Notaram ainda que tais ciclos influenciam o comportamento dos seres vivos. Isto é, conforme a época do ano, por exemplo, as árvores florescem, os animais procriam e os frutos germinam. A partir dessas observações, os indígenas procuraram definir o melhor momento para plantar e colher alimentos, caçar, pescar e até comemorar datas especiais.

Então, criaram objetos com funções parecidas as dos nossos relógio e calendário para organizar tais atividades ao longo de seu ano!

Pode-se dizer que o Sol foi quem mais despertou a atenção dos índios. A maioria das tribos brasileiras mede o tempo a partir do movimento aparente desse astro no céu, com o Relógio Solar. [...]

Você deve estar curioso para saber como os índios medem o tempo à noite, sem o auxílio do Sol. Bem, de noite um outro astro entra em cena: a Lua! Ela é o segundo corpo celeste mais importante para os habitantes da floresta. A Lua possibilita não só medir o tempo, como também saber a melhor hora para caçar e pescar.

Ao observar a Lua, os índios notaram que existe um ciclo lunar. Isto é: que ela passa por quatro diferentes fases: nova, crescente, cheia e minguante. E perceberam que, de uma Lua nova para outra, ou numa lunação, há um espaço de tempo que se repete sempre. Ou seja, para duas aparições consecutivas da mesma Lua se passam de 29 a 30 dias. Assim, adotaram esse período como uma importante unidade de tempo: o mês!

Indígena da etnia Kamaiurá em atividade de pesca, Mato Grosso. Foto de 2018.

Maria-Ganem. O olhar do índio sob o céu brasileiro. *Ciência Hoje das Crianças*. Disponível em: http://chc.org.br/o-olhar-do-indio-sob-o-ceu-brasileiro/. Acesso em: 30 jun. 2022.

ATIVIDADE

- Você já olhou para o céu à noite? Viu a Lua? Acompanhe a mudança de fase da Lua durante um mês. Desenhe de que maneira ela está a cada dia e depois responda.

Dias / semana	1ª semana	2ª semana	3ª semana	4ª semana
Domingo				
Segunda-feira				
Terça-feira				
Quarta-feira				
Quinta-feira				
Sexta-feira				
Sábado				

a) Qual o período de observação da Lua?

De: _____/_____/_____   Até: _____/_____/_____
    Dia   Mês   Ano   Dia   Mês   Ano

b) Quantas vezes a Lua mudou de fase durante o período de observação?

_____

LIÇÃO 2 — O AMBIENTE

Observe as imagens a seguir.

Vegetação do Cerrado.

Interior da Floresta Amazônica.

Vista de área de litoral.

Região de clima ártico em Tasiilaq, Groenlândia.

As imagens apresentam ambientes diferentes. Em cada um deles, há seres vivos, como as plantas e os animais, e elementos não vivos, como a água, o solo, a luz do Sol e o ar.

Todos esses seres se relacionam entre si: os seres vivos estabelecem relações entre eles mesmos e também com o meio onde estão.

17

As condições proporcionadas pelos elementos não vivos do ambiente vão selecionar os seres vivos que vivem naquele lugar. Assim, seria impossível a uma arara da Floresta Amazônica sobreviver no ambiente gelado da Antártica, onde vivem os pinguins, que também não conseguiriam sobreviver na Amazônia.

Cada ambiente apresenta características próprias, determinadas pela combinação entre os elementos que o formam: os seres vivos e os elementos não vivos.

> No Brasil, não encontramos ambiente polar como do Ártico e da Antártica.

Os componentes do ambiente

Fazem parte do ambiente os seres vivos, como as plantas e os animais, e os elementos não vivos, como as pedras e a água.

Seres vivos

Os **seres vivos** nascem, crescem, podem se reproduzir na vida adulta e morrem. Todos os seres vivos precisam da luz do Sol, da água, do ar e também de outros seres vivos.

Os seres humanos, os outros animais e as plantas são seres vivos.

Os seres vivos estão espalhados em vários ambientes do planeta.

Elementos não vivos

Os **elementos não vivos** não nascem, não crescem, não se reproduzem e não morrem.

A luz do Sol, as rochas, o solo, a água e o ar são elementos não vivos.

Os seres humanos, com o passar do tempo, aprenderam a transformar diversos elementos do ambiente para fabricar produtos, como os móveis, os carros, as máquinas etc.

Nos ambientes naturais, os elementos não vivos se integram formando a paisagem.

Nos ambientes construídos, encontramos os elementos que o ser humano retira da natureza e transforma em produtos.

A luz do Sol

O Sol envia raios à Terra. Suas formas de energia são a luz e o calor. A luz e o calor do Sol não chegam do mesmo modo e na mesma quantidade em todas as partes do planeta. Essa variação estabelece ambientes distintos uns dos outros e também a ocorrência de diferentes formas de vida.

O Sol ilumina e aquece a Terra.

As rochas e o solo

As rochas interagem com outros elementos do meio ambiente (água, chuva, ventos etc.) e com os seres vivos. As rochas são desgastadas por esses elementos e formam os diversos tipos de solo.

As rochas se quebram em pequenos pedaços. Entre esses pequenos pedaços, algumas plantas conseguem viver e, com o tempo, eles se desmancham em partículas ainda menores. E, entre as minúsculas partículas de rocha, vivem vários seres de pequeníssimo tamanho. Quando esses pequenos seres vivos morrem, seus organismos se juntam às minúsculas partículas. Isso tudo acontece "dentro" do solo.

Rochas expostas na Cachoeira Itaporani, Itatiaia (RJ).

Enquanto isso, em cima do solo, outros seres vivos maiores (animais e plantas) também morrem e partes de seu corpo também se juntam ao solo.

Dessa forma, o solo é composto de minúsculas partículas de rocha, de matéria orgânica (originada de pequenos e grandes seres vivos), de água e de ar que ficam entre as partículas.

É o solo que permite o crescimento e o desenvolvimento das plantas. Nele e sobre ele vivem muitos animais. No solo estão principalmente os minerais. Aproveitamos e utilizamos o solo para realizar muitas atividades: caminhar, plantar, construir etc.

Aspecto do solo em uma área de plantação.

A água

A água cobre a maior parte da superfície do planeta.

Na Terra, há maior quantidade de água salgada do que de água doce. A água salgada existe nos oceanos e nos mares. A água doce é encontrada nos rios e lagos, nas geleiras e calotas polares, no ar, no solo e no subsolo.

Há água também em nossos organismos e nos organismos animais e vegetais.

A água do mar é salgada.

Nós, seres humanos, precisamos ingerir cerca de 2 litros de água por dia para manter o corpo hidratado.

Além de ser fundamental para a hidratação e o funcionamento de todos os organismos vivos, a água é útil para várias atividades humanas, como a irrigação de plantações, a produção e preparação de alimentos, a higiene pessoal, a limpeza de roupas e locais em que vivemos etc. Ela é muito utilizada inclusive na indústria, na fabricação de remédios e objetos.

Também usamos a água para a geração de energia.

A água das geleiras é doce.

A partir da movimentação da água, as usinas hidrelétricas geram a energia elétrica que chega até as nossas casas.

Usina hidrelétrica de Itaipu.

Poluição da água

O grande número de dejetos da população descarregado em córregos, rios e mares provoca a poluição e a contaminação das águas.

Esgoto sendo despejado em rio.

Para evitar doenças transmitidas pelas águas poluídas, devemos tomar os seguintes cuidados:

- Lavar com água tratada alimentos que são consumidos crus, como verduras, frutas e hortaliças.
- Filtrar e ferver a água antes de consumi-la.

LEIA MAIS

O nascimento do Rio Amazonas

Márcio Souza. São Paulo: Lazuli, 2008.

Segundo uma lenda, o Rio Amazonas, um dos maiores do mundo, nasceu do amor entre o Sol e a Lua. Este livro conta essa linda história.

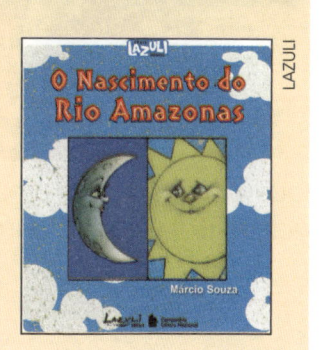

O ar

O ar existe em todos os lugares. Ele até se mistura com a água e penetra no solo.

Os animais e as plantas inspiram e expiram o ar, que é uma mistura de gases, vapor-d'água, microrganismos e impurezas. Um dos gases que encontramos no ar é o oxigênio, aproveitado na respiração da maioria dos seres vivos.

Podemos perceber o ar dentro de nós quando respiramos. Na imagem de uma pessoa se preparando para praticar uma atividade esportiva, é possível ver que o peito estufa quando o ar vai para dentro de nós: é a inspiração. Quando soltamos o ar, o peito relaxa: é a expiração.

Não conseguimos ver o ar, mas sentimos que ele existe de várias formas. Por exemplo, pela ação do vento, que é o ar em movimento. Outra maneira prática de perceber o ar é ao encher uma bexiga, pois ela se enche com o ar que sopramos nela.

Quando enchemos uma bexiga, o ar entra nela e, por isso, ela aumenta de tamanho.

A pipa sobe e se mantém no céu pela ação do vento.

Poluição do ar

Os principais causadores da poluição do ar são as indústrias e os veículos motorizados.

Quando respiramos ar poluído, estamos causando um grande mal à nossa saúde, porque inalamos gases tóxicos e partículas desconhecidas ao nosso corpo.

Os veículos motorizados são os grandes responsáveis pela poluição do ar.

Como diminuir a poluição do ar:
- Incentivar o uso de tecnologias menos poluentes.
- Preservar as florestas naturais.
- Promover o reflorestamento de áreas **degradadas**.
- Controlar queimadas.
- Evitar o uso de agrotóxicos.
- Incentivar o uso de transporte coletivo.
- Criar áreas verdes nas áreas urbanas.

VOCABULÁRIO

degradado: característica do que foi destruído.

Nós somos parte do meio ambiente: vamos cuidar dele! A destruição dos ambientes prejudica a qualidade de vida de todos os seres vivos.
Quando usamos de maneira adequada os recursos naturais retirados do ambiente, vivemos melhor e garantimos que, no futuro, outras pessoas tenham qualidade de vida. O dia 5 de junho é o Dia Mundial do Meio Ambiente e da Ecologia. Comemore com atitudes positivas!

ATIVIDADES

1 Numere corretamente as ilustrações que representam:

1 seres vivos.   **2** elementos não vivos.

2 Complete as frases com as expressões apresentadas no quadro.

> morrem – não crescem – luz – crescem – calor
> não morrem – podem se reproduzir – não se reproduzem

a) Os seres vivos nascem, _____, _____ e _____.

b) Os elementos não vivos não nascem, _____, _____ e _____.

c) O Sol fornece _____ e _____ para a Terra.

3 Dê três exemplos de:

a) seres vivos – _____

b) elementos não vivos – _____

4 De que é composto o solo?

_____

_____

5 Para que o ser humano aproveita o solo?

_____

_____

_____

6 Assinale o correto.

• Na Terra, há maior quantidade de água:

☐ salgada.

☐ doce.

7 Classifique o tipo de água encontrada nos seguintes ambientes escrevendo **D** para água doce ou **S** para água salgada.

☐ Oceanos. ☐ Rios.

☐ Mares. ☐ Geleiras.

☐ Lagoas. ☐ Lagos.

27

8 Onde a água é utilizada para gerar energia elétrica?

_____

9 Você já sabe o que é água poluída. Escreva alguns cuidados que devemos ter para evitar doenças transmitidas por esse tipo de água.

_____

_____

_____

10 Observe as fotos. Em qual ambiente o ar parece ser mais puro? Por quê?

1

JUCA VARELLA/FOLHA IMAGEM

2

SUZANA BARELLI/FOLHA IMAGEM

_____

_____

_____

28

11 Assinale as afirmações corretas.

☐ O ar é uma mistura de gases.

☐ O oxigênio é um dos gases presentes no ar.

☐ O ar poluído não prejudica a saúde dos seres vivos.

☐ O Sol é um recurso natural que nos fornece luz.

☐ O solo é composto apenas de areia.

☐ No planeta Terra, há água salgada e água doce.

☐ As pedras são pedaços de rochas.

12 Ligue cada afirmação à palavra correspondente.

Mistura de gases que respiramos.		água
Fornece luz para a Terra.		vento
Ar em movimento.		Sol
Recurso natural que forma lagos, rios e mares.		ar

EU GOSTO DE APRENDER

Acompanhe a leitura do que você estudou nesta lição.
- Existem diferentes ambientes no planeta e em cada um deles há seres vivos e elementos não vivos.
- Os seres vivos estabelecem relações entre eles e com o meio.
- Os seres vivos nascem, crescem, se reproduzem e morrem.
- Os elementos não vivos são a luz do Sol, as rochas, o solo, a água e o ar.
- O solo é composto de partículas de rocha, de matéria orgânica, de água e de ar. É ele que permite o crescimento e o desenvolvimento de plantas e animais.
- A água cobre a maior parte da superfície do planeta. É essencial para a hidratação e o funcionamento de todos os organismos vivos.
- O despejo de esgoto gerado pela população em córregos, rios e mares causa a poluição das águas.
- O ar é uma mistura de gases, e o oxigênio é um desses gases. Ele é utilizado na respiração da maioria dos seres vivos. As indústrias e os veículos são os principais causadores de poluição do ar.

ATIVIDADE

- Responda às questões a seguir no caderno e discuta com os colegas.

a) Na região onde você mora, existem muitas plantas e animais?

b) Há fontes de água?

c) O ar é limpo?

d) O ambiente está preservado?

LIÇÃO 3
OS SERES VIVOS E O AMBIENTE

Observe as imagens a seguir.

IMAGENS FORA DE ESCALA.

Mar.

Floresta.

Geleira.

Deserto.

Savana.

Floresta tropical.

Temos diferentes ambientes em nosso planeta. Eles podem ser classificados em **aquáticos** ou **terrestres** e variar conforme o clima, o tipo de solo, a disponibilidade de luz e água e outras características.

Nos ambientes vivem muitos seres vivos em constante relação entre si e com o espaço, pois é do ambiente que retiram seu alimento e é nele que crescem, se desenvolvem e se reproduzem.

31

A aranha captura insetos do ambiente para se alimentar.

O panda alimenta-se de um tipo de bambu que só nasce no lugar onde ele vive.

Esse tipo de orquídea é uma planta pequena, e se crescesse no chão da floresta, não receberia a quantidade de luz de que precisa, por causa da sombra das árvores. Assim, ela cresce sobre os galhos das árvores, onde recebe mais luz.

LEIA MAIS

Sapopemba: o romance do belo e da beleza

Miguel de Almeida. São Paulo: Lazuli, 2008.

Nessa história que se passa em plena Floresta Amazônica, fotografada e ilustrada com grande beleza, Miguel de Almeida apresenta-nos as aventuras de Bebé e seus bichos, sempre aprendendo com a Mãe Natureza.

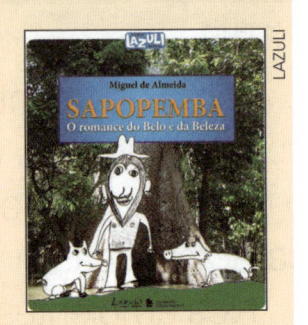

Os seres vivos podem ser de tamanhos variados. Há os bem pequenos, como as joaninhas, que podem ter de 1 a 10 milímetros, e outros muito grandes, como as girafas, que podem ter mais de 5 metros de altura.

Joaninha, um inseto.

Girafa, animal mamífero.

Há aqueles chamados microrganismos, como bactérias e vírus. São tão pequenos que só conseguimos vê-los com o auxílio de equipamentos que ampliam imagens.

Os seres vivos podem ser agrupados pelas semelhanças nas partes do corpo, pela maneira como obtêm o alimento do ambiente ou pelo modo como se reproduzem, entre outras características. Aqueles que têm características do corpo idênticas fazem parte de uma mesma espécie.

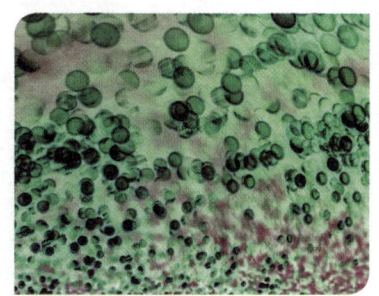

Bactérias.

As duas imagens mostram borboletas, mas sabemos que elas são de espécies distintas pela diferença que apresentam no corpo.

33

Como nem todos os ambientes são iguais, os seres vivos estão adaptados às condições que encontram no ambiente em que vivem. Por exemplo, os pinguins estão adaptados à vida em ambientes gelados, a vitória-régia, aos locais de clima quente e com água, e o dromedário, ao clima seco do deserto.

Pinguins na Antártida.

Vitória-régia, planta aquática.

Dromedário em ambiente desértico.

IMAGENS FORA DE ESCALA.

Você sabia que na Amazônia, só na parte que fica no Brasil, vivem milhões de espécies? São mais de 350 espécies de mamíferos, cerca de 3 mil de peixes, aproximadamente mil de aves, 300 de répteis, 60 mil de plantas e, provavelmente, 10 milhões de espécies de insetos.

Fonte: Mara Figueira. Destino: Amazônia. *Ciência Hoje das Crianças*, n. 179, SBPC, maio 2007.

ATIVIDADES

1 Por que os seres vivos dependem do ambiente?

_____

_____

_____

2 Relacione os seres vivos com o ambiente em que vivem.

- **1** Terrestre.
- **2** Aquático.
- **3** Gelado.
- **4** Desértico.

3 Pesquise em revistas fotos de seres vivos de tamanhos diferentes, recorte-as e cole-as a seguir. Escreva o nome do animal ou vegetal abaixo da imagem.

SERES VIVOS PEQUENOS

SERES VIVOS DE GRANDE PORTE

Ambientes naturais e ambientes transformados

Ambientes naturais são aqueles que não passaram por modificação feita pelos seres humanos.

Outros ambientes são modificados pelos seres humanos por meio da construção de moradias, indústrias, estradas, plantações, pastos etc. São os **ambientes transformados**.

Pantanal mato-grossense.

Pelourinho, Salvador, Bahia.

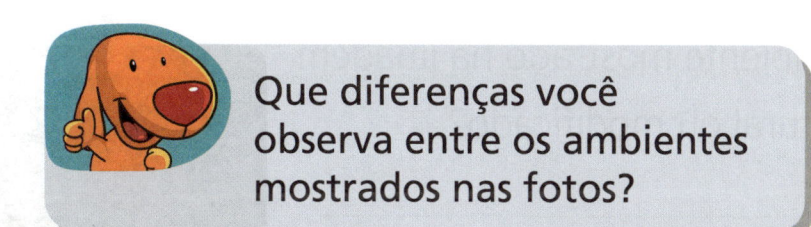

Que diferenças você observa entre os ambientes mostrados nas fotos?

Atualmente, há maior atenção na realização de modificações nos ambientes para que se possam evitar efeitos negativos. Essas alterações devem ser feitas com planejamento cuidadoso para diminuir os impactos ambientais, que podem ser ocasionados por devastação de florestas, pela morte de animais silvestres, pela produção de resíduos que provocam a poluição do ar e das águas e pela produção de lixo.

ATIVIDADES

1 Faça desenhos para representar um ambiente transformado pelo ser humano. Depois, escreva uma frase a respeito das imagens.

2 Observe a fotografia e responda às questões a seguir.

a) O ambiente mostrado na imagem é natural ou modificado?

_____

b) Identifique e escreva o nome dos elementos encontrados na fotografia.

_____

_____

_____

CHRISTIAN KOHLER/SHUTTERSTOCK

38

3 Encontre no diagrama a seguir o nome de oito elementos que existem em ambientes naturais ou em ambientes modificados. Pinte-os de acordo com a legenda.

■ Elementos de ambiente natural

■ Elementos de ambiente modificado

M	Á	R	V	O	R	E	R	H
Z	G	C	I	P	O	N	T	E
W	U	O	A	R	N	Q	C	K
U	A	D	D	P	L	T	A	S
G	X	T	U	R	O	P	S	H
M	O	N	T	A	N	H	A	T
A	B	V	O	Ç	Y	N	J	S
R	N	T	D	A	L	I	M	U

a) Agora, escreva nas colunas os nomes encontrados, obedecendo a legenda.

Elementos de ambiente natural	Elementos de ambiente modificado

39

EU GOSTO DE APRENDER

Relembre o que você estudou nesta lição.
- Os ambientes podem ser classificados em aquáticos ou terrestres. Nem todos os ambientes são iguais. Eles podem variar conforme o clima e o tipo de solo.
- Nos ambientes vivem muitos seres vivos em constante relação entre si e com o meio. Os seres vivos estão adaptados às condições que encontram no ambiente em que vivem.
- Os ambientes naturais são aqueles que não passaram por modificação feita pelo ser humano.
- Os ambientes transformados são aqueles modificados pelo ser humano, ou seja, em que predominam elementos construídos, como moradias, indústrias e estradas.

ATIVIDADES

1 Marque com um **X** as alternativas corretas.

☐ Todos os ambientes têm as mesmas características.

☐ O campo é um ambiente modificado pelo ser humano.

☐ Nos ambientes naturais existem animais e plantas.

☐ A cidade é um ambiente natural.

2 O ser humano modifica os ambientes naturais para construir moradias, retirar madeira, fazer plantações e construir estradas. Pesquise e descreva alguns cuidados que devem ser tomados para evitar efeitos negativos no ambiente.

_____

_____

EU GOSTO DE APRENDER MAIS

Comer para sobreviver

Todos os animais precisam comer porque nenhum deles pode produzir o próprio alimento, como fazem as plantas.

Os animais se alimentam de maneiras diferentes.

As hienas, os abutres e os urubus, por exemplo, costumam comer as carcaças, restos de animais que outros carnívoros não comeram.

Hienas e abutres em volta de animal morto.

Os urubus também vivem nos lixões que podem existir nas cidades e se alimentam de restos de comida. Quando não encontram alimento fácil, comem coquinhos de palmeira e ovos em ninhos de pássaros.

Muita gente acha que o morcego é muito perigoso e ataca as pessoas para chupar o sangue. O que quase ninguém sabe é que a maioria dos morcegos só come insetos, néctar de flores e vários tipos de frutas.

Morcego alimentando-se de néctar de flor.

LIÇÃO 4 — AS PLANTAS

Observe a imagem ao lado.

As plantas estão presentes em muitos lugares. Elas fazem parte do grupo dos **vegetais**. São seres vivos, pois nascem, crescem, reproduzem e morrem. Para se desenvolver, as plantas precisam de água, luz do Sol, ar e sais minerais.

Os vegetais podem ser classificados em diferentes grupos. Alguns apresentam flores e outros não, como as samambaias.

Os vegetais são capazes de produzir o próprio alimento. Por isso, são chamados **produtores**.

As plantas com flores

Os vegetais com flores são mais numerosos.

As plantas que florescem têm raiz, caule, folhas, flores, frutos e sementes. São essas partes que garantem a vida e a reprodução da planta.

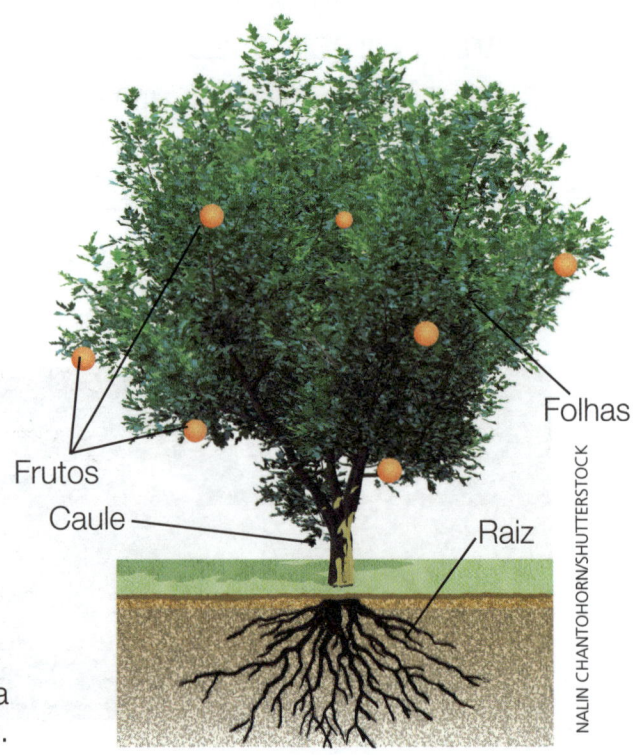

Esquema representativo de uma planta que produz flores.

As partes das plantas com flores

Raiz: fixa a planta ao solo e dele retira água e sais minerais. Algumas raízes, como a cenoura, a mandioca e a beterraba, servem de alimento para o ser humano.

Caule: transporta água e sais minerais até as folhas e leva o alimento produzido nelas para as outras partes da planta. O caule também sustenta os galhos, as folhas, as flores e os frutos.

Raiz.

Há caules finos e grossos. Alguns deles fornecem madeira, usada na construção de casas, móveis, cercas etc. Outros podem ser utilizados na alimentação, como é o caso da cana-de-açúcar, do palmito, da salsa, do coentro e da cebolinha, entre outros.

Caule.

Folhas: órgãos das plantas responsáveis por fazer a troca de gases com o ambiente; por meio delas, a planta realiza a fotossíntese e a transpiração. Contêm uma substância chamada clorofila, que absorve a energia solar necessária para a planta produzir o açúcar (glicose). Algumas servem de alimento, como as folhas da alface.

Folhas.

Flores: são os órgãos reprodutores de muitas plantas. Nelas se formam as sementes. Enquanto as sementes se desenvolvem, muitas flores se transformam em frutos.

Flor.

Árvore em floração.

Frutos: guardam as sementes e servem de alimento. Há frutos carnosos, como a laranja e a manga, e há frutos secos, como o amendoim.

Fruto da laranjeira e suas sementes.

Frutos do amendoinzeiro com a semente, o amendoim.

Sementes: formam uma nova planta. Dentro delas, há alimento suficiente para a germinação. Algumas sementes são utilizadas como alimento, como o feijão, o arroz, o grão--de-bico, a ervilha, a soja, a lentilha, entre muitas outras.

Sementes de soja.

ATIVIDADES

1 Responda às questões a seguir.

a) Por que as plantas são seres vivos?

_____

b) Do que uma planta precisa para se desenvolver?

_____

2 Escreva o nome de cada parte de uma planta que floresce.

_____

_____

_____

_____

_____

45

3 Ligue cada parte da planta à sua função.

Guarda as sementes e serve de alimento.

É responsável pela reprodução da planta.

Fixa a planta no solo e dele retira água e sais minerais.

Formam novas plantas.

Por ela, a planta transpira. Algumas servem de alimento.

4 Escreva o nome de:

a) duas raízes que servem de alimento.

_____

b) duas folhas que servem de alimento.

_____

c) dois frutos que servem de alimento.

_____

d) um caule que serve de alimento.

_____

46

A reprodução das plantas com flores

A maioria das plantas se reproduz por meio de **sementes**. O mamoeiro e o abacateiro são exemplos de plantas que nascem de sementes.

Alguns frutos, como o mamão e a melancia, apresentam muitas sementes. Outros têm só uma semente, que chamamos caroço, como é o caso do abacate, do pêssego e da manga.

Mamão.

Abacate.

A germinação da semente

Germinação é o início de uma nova planta a partir da semente. Na germinação de uma semente enterrada na terra, o caule se desenvolve para cima, ultrapassando a superfície do solo, enquanto a raiz cresce para dentro da terra, firmando a planta.

Durante o desenvolvimento, o caule origina folhas que começam a produzir alimento para a planta.

Observe, a seguir, imagens da germinação e etapas do desenvolvimento inicial de uma planta.

Para germinar, a semente sadia e perfeita só precisa de água. Depois, para o desenvolvimento da nova planta, é necessário que haja ar, água, sais minerais e luz. São esses materiais e a energia luminosa que as folhas usam para produzir alimentos.

As sementes podem ser espalhadas de várias maneiras:
- pela ação do vento;
- pela ação do ser humano;
- pela ação de outros animais.

Muitos jardineiros e agricultores obtêm de **mudas** novas plantas. Quando cultivadas, as mudas crescem como as plantas das quais foram originadas.

Podemos obter mudas de parte do caule ou de uma folha. A planta *Kalanchoe*, por exemplo, produz mudas nas suas folhas. Outras plantas, como a violeta-africana, desenvolvem raízes das folhas quando colocadas na água ou enterradas.

Esquema da multiplicação da violeta-africana por meio das folhas.

48

ATIVIDADES

1 Responda às questões a seguir.

a) Quais são os processos de reprodução das plantas?
_____

b) O que é germinação?
_____

c) Para haver germinação, o que é preciso?
_____

d) Em qual parte da planta a semente fica abrigada?
_____

2 Dê exemplos de frutos com:

a) uma semente – _____.

b) poucas sementes – _____.

c) muitas sementes – _____.

3 De que formas as sementes podem ser espalhadas?
_____
_____

4 Pesquise sobre plantas obtidas de mudas. Faça desenhos dessas plantas no caderno e escreva o nome de cada uma.
_____

EXPERIÊNCIA

Experiência da germinação do feijão

Materiais necessários
- um copo transparente;
- algodão;
- papel absorvente;
- água;
- alguns feijões crus.

Procedimentos
- Forre o fundo do copo com algodão umedecido com água e coloque três feijões sobre o algodão.
- Mantenha o algodão sempre úmido.
- Observe o processo de germinação e o crescimento da nova planta.
- No espaço abaixo, faça desenhos e anotações da sua experiência.
- Quantos dias levou para a semente germinar?
- Que partes da planta apareceram primeiro?

EXPERIÊNCIA

Como as plantas podem se desenvolver de caules e raízes?

Novos pés de batata podem se desenvolver a partir de caules. A batata-doce, a cenoura e a beterraba podem originar novas plantas a partir da raiz.

Faça este experimento.

Materiais necessários
- um recipiente com água;
- batata-doce (você também pode usar cenoura, beterraba ou gengibre).

Procedimentos
- Coloque a batata-doce no recipiente com água, de forma que uma parte fique na água, e a outra, fora da água.
- Mantenha o recipiente perto da janela para a batata-doce receber bastante claridade.
- Espere até que a batata-doce crie raízes e folhas.

Observe, depois de alguns dias, o que aconteceu. Desenhe e escreva.

EU GOSTO DE APRENDER

Leia os itens que você estudou nesta lição.

- As plantas fazem parte do grupo dos vegetais. Elas precisam de água, luz do Sol, ar e sais minerais.
- Os vegetais são seres produtores, ou seja, são capazes de produzir o próprio alimento.
- As plantas que florescem têm raiz, caule, folhas, flores, frutos e sementes.
- A raiz fixa a planta ao solo e retira dele água e sais minerais.
- O caule transporta água e sais minerais até as folhas e leva o alimento produzido nelas para as outras partes da planta.
- A folha é responsável pelas trocas gasosas. Nela são realizadas a fotossíntese e a transpiração.
- As flores são os órgãos reprodutores das plantas.
- Os frutos guardam as sementes e servem de alimento para muitos seres vivos.
- As sementes são responsáveis por formar novas plantas.
- Para germinar, a semente precisa de água e, depois, para se desenvolver, é preciso ar, água, sais minerais e luz.
- As sementes podem ser espalhadas pela ação do vento, pela ação do ser humano ou pela ação de outros animais.
- Novas plantas podem ser obtidas de mudas de parte do caule ou de folhas.

ATIVIDADE

- Volte à página 48 e observe a foto do passarinho comendo o fruto. Agora escreva ou desenhe no caderno a importância desse processo para a reprodução dos vegetais.

EU GOSTO DE APRENDER MAIS

Plantas carnívoras (insetívoras)

As plantas carnívoras, apesar de terem hábitos estranhos de captura, não apresentam qualquer perigo aos seres humanos. Têm esse nome porque se alimentam de insetos e outros pequenos animais. Elas buscam essa fonte de nutrientes porque vivem em solos pobres e deficientes.

A dioneia tem néctar adocicado que atrai os insetos.

As folhas das orvalhinhas são cobertas de pelos especiais com gotas pegajosas nas pontas, que prendem os insetos que pousam nelas.

A maior parte dessas plantas captura insetos, mas algumas espécies podem capturar pequenos animais, como lesmas e sapos.

Para uma planta ser considerada carnívora, é preciso que ela tenha a capacidade de:
- atrair presas;
- prendê-las;
- digerir formas de vida animais.

A maioria das flores, como o papo-de-peru e algumas orquídeas, tem a capacidade de atrair insetos para fins de polinização. Mas como elas não os digerem, não são plantas carnívoras verdadeiras.

LIÇÃO 5

AS PLANTAS E OS SERES HUMANOS

As plantas são autossuficientes, ou seja, elas mesmas produzem os nutrientes de que precisam para viver. Muitas servem de alimento para os seres humanos e outros animais.

Em nossa alimentação, aproveitamos folhas, sementes, flores, raízes, caules e frutos.

Folhas. DAVID A. LITMAN/SHUTTERSTCOK

Sementes. PIYASET/SUTTERSTOCK

Flores. WANIDA TUBTAWEE/SHUTTERSTOCK

Raízes. KVITKA FABIAN/SHUTTERSTOCK

Caules. JEEP2499/SHUTTERSTOCK

Frutos. MARKUS MAINKA/SHUTTERSTOCK

Algumas plantas também podem ser utilizadas na confecção de tecidos, como o algodão, o linho e o sisal.

Algodão. MEGAN BETTERIDGE/SHUTTERSTOCK

Linho. KATERYNA PAVLIUK/SHUTTERSTCOK

Sisal. HITECHERZ/SHUTTERSTOCK

Muitas plantas também estão presentes em diversos produtos (perfumes, xampus, cremes, sabonetes, móveis, instrumentos musicais, papel, lápis etc.), na construção de casas e no combate a doenças (chás e remédios). Veja alguns objetos e produtos feitos com partes de plantas.

Papel e lápis.

Instrumento musical.

Chá.

Sabonete.

Casa de madeira da região amazônica.

LEIA MAIS

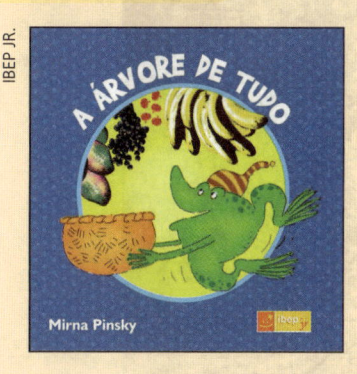

A árvore de tudo

Mirna Pinsky. São Paulo: IBEP, 2011.

Essa obra mostra a imaginação do sapo Juvenal, que pensou em uma árvore que dá jabuticaba, manga, pitanga e banana. Uma fantástica árvore de tudo.

Jardim, horta e pomar

As plantas podem ser cultivadas em diversos locais: em casa, na escola, em sítios. Em geral, são cultivadas em ambientes específicos: jardins, hortas ou pomares.

Em um **jardim**, são cultivadas as flores e as folhagens. Nele encontramos rosas, dálias, cravos, margaridas, begônias, heras e samambaias.

Em uma **horta**, são cultivadas plantas que utilizamos na alimentação, como alface, couve, repolho, cenoura, beterraba, tomate e outros vegetais usados como temperos.

Em um **pomar**, são cultivadas plantas que fornecem frutas comestíveis, chamadas frutíferas. Nele encontramos mangueiras, goiabeiras, macieiras, mamoeiros, laranjeiras, bananeiras etc.

Jardim.

Horta.

Pomar.

Plantas tóxicas

A mandioca-brava é muito venenosa. Mesmo assim é uma das principais matérias-primas para a produção de farinha em certas regiões do Brasil. Para isso, é preciso cuidado: ela é tratada para a retirada do veneno. Depois desse processo, a farinha produzida pode ser consumida sem perigo.

Mandioca-brava.

Existem plantas que causam forte ardor (sensação de queimação) na pele quando são tocadas. É o que provoca a urtiga, muito comum no Brasil.

As substâncias irritantes da urtiga ficam armazenadas dentro de minúsculos pelos que se espalham pelo caule e pelas folhas da planta.

Outra planta venenosa conhecida é a comigo-ninguém-pode. Como indica seu nome, se ingerida, é uma planta muito perigosa.

Urtiga da Mata Atlântica.

Nunca coloque na boca plantas que você não conhece, pois elas podem ser tóxicas e colocar sua saúde em risco.

As folhas grandes e com manchas brancas da comigo-ninguém-pode são muito apreciadas em ornamentação de jardins e casas, embora sejam venenosas.

Plantas em extinção

Muitas espécies de plantas brasileiras correm o risco de extinção.

A maioria delas é muito procurada por causa da madeira para a fabricação de móveis. Mogno, peroba, ipê-rosa, cedro e jequitibá são árvores com risco de extinção.

Uma das árvores que mais sofreu e ainda sofre riscos é o pau-brasil. Desde a chegada dos portugueses ao Brasil, essa árvore foi explorada. Isso ocorreu porque o pau--brasil tem, entre outras características, um pigmento (substância que dá cor) de cor vermelha intensa no interior do caule. O Brasil recebeu esse nome em homenagem a essa árvore.

Castanheira.

Muitas plantas brasileiras usadas na alimentação, como o palmito e a castanheira, estão desaparecendo. Plantas ornamentais, como a samambaia e algumas bromélias, encontram-se na mesma situação, porque são extraídas das matas originais em que vivem.

Árvore de pau-brasil.

58

ATIVIDADES

1 Associe corretamente.

1	raiz		espinafre
2	flor		cana-de-açúcar
3	caule		couve-flor
4	fruto		feijão
5	folha		laranja
6	semente		cenoura

2 Escreva o nome de duas plantas medicinais e duas plantas que podem ser nocivas ao ser humano.

_____

_____

3 Relacione os ambientes aos vegetais correspondentes.

jardim

horta

pomar

ILUSTRAÇÕES: IMAGINÁRIO STUDIO

59

4 Escreva o nome das plantas nas colunas correspondentes.

linho – hortelã – agrião – pinheiro – sisal – peroba
cerejeira – algodão – erva-doce – cedro – boldo

Remédios	Tecidos	Móveis

5 Assinale **P** para pomar, **J** para jardim e **H** para horta.

60

6 Descubra, no diagrama, o nome de cinco plantas ameaçadas de extinção.

C	A	S	L	Ç	M	J	H	G	C	A	D	S	J	F
X	P	A	U	-	B	R	A	S	I	L	R	E	E	A
É	A	M	H	M	J	Ç	H	A	V	A	I	O	Q	N
L	C	A	B	R	O	M	É	L	I	A	D	É	U	X
J	N	M	A	D	F	J	G	L	N	A	L	Ç	I	I
D	H	B	R	É	O	F	O	Q	E	Z	J	D	T	S
J	E	A	Q	Ã	O	D	A	U	-	U	V	X	I	J
E	F	I	H	T	J	S	F	I	Q	L	Z	N	B	I
S	D	A	C	A	S	T	A	N	H	E	I	R	A	Q

7 O chá é uma bebida natural que serve também como remédio. Pode ser feito com ervas, sementes ou folhas de plantas. Recorte, de jornais e revistas, fotos de plantas utilizadas para fazer chá e, com seus colegas, confeccione um cartaz. Não se esqueça de colocar junto à imagem da planta o nome dela e qual é a propriedade do chá feito com ela.

EU GOSTO DE APRENDER

Relembre o que você estudou nesta lição.

- Muitas plantas servem de alimento para o ser humano e outros animais.
- Em nossa alimentação, consumimos folhas, sementes, flores, raízes, caules e frutos.
- As plantas podem ser utilizadas na confecção de tecidos, na produção de cosméticos, na construção de casas e no combate a doenças.
- Em geral, as plantas são cultivadas em jardins, hortas ou pomares.
- Em um jardim, são cultivadas as flores e as folhagens. Em uma horta, são cultivadas plantas que servem para a alimentação. Em um pomar, as plantas frutíferas.
- Algumas plantas podem causar danos ao ser humano ao serem ingeridas, como é o caso das plantas venenosas, ou causar irritação na pele, como a urtiga.
- Muitas espécies de plantas brasileiras estão em risco de extinção. A maioria é procurada para a fabricação de móveis, mas existem plantas usadas na alimentação ou como ornamentos que também correm risco de extinção.

ATIVIDADE

- Identifique que partes do vegetal estão sendo usadas na salada de palmito, alface e tomate mostrada na foto a seguir.

ZIVIANI/SHUTTERSTOCK

_____
_____
_____

EU GOSTO DE APRENDER MAIS

Florestas plantadas

Os seres humanos usam as árvores há milhares de anos. Da madeira que obtêm do tronco, fazem móveis, casas, embarcações, carroças, lenha para fogão, instrumentos musicais, objetos e até o papel.

Desde a década de 1960, a formação de florestas de eucaliptos e pinus no Brasil tem possibilitado o uso dessas árvores para a obtenção de madeira de modo mais planejado e sustentável, pois, à medida que as árvores são cortadas, outras são plantadas para suprir as necessidades futuras de madeira. O pinus foi trazido do Hemisfério Norte, e o eucalipto, da Oceania. Aqui eles se adaptaram bem, e as florestas plantadas com essas árvores fornecem madeira para várias finalidades.

Floresta de pinus plantada na região da Lagoa dos Patos, Rio Grande do Sul.

Floresta de eucalipto na região de Lençóis Paulista, São Paulo.

No processo de fabricação do papel, as árvores são cortadas na floresta plantada de eucalipto ou pinus.

Os troncos são picados em vários pedaços, e apenas a parte do centro vai servir para fazer o papel. Os galhos e as folhas voltam para o solo para ajudar a adubá-lo. A casca do tronco é usada para gerar energia pela queima.

A parte do tronco que se usa para fazer o papel vai para a fábrica de celulose (é do que é feito o papel), onde passa por um processo para torná-la mais mole (uma pasta) e separar as fibras.

Daí o papel vai ganhando forma e cor, com as fibras sendo achatadas para ficarem como uma folha de papel.

De uma árvore de eucalipto é possível fabricar mais de 10 mil folhas de papel do tamanho da página deste livro.

Transporte de troncos de eucalipto para a produção de papel.

Mas isso não significa que as nossas florestas naturais estão protegidas. Infelizmente, ainda se destroem muitas árvores das nossas florestas, que levam muito mais tempo para crescerem do que as de um eucalipto e pinus.

Fonte: Gabriela Reznik. Com quantas árvores se faz um caderno? In: *Ciência Hoje das Crianças*, 22 nov. 2011.

ATIVIDADE COMPLEMENTAR

- Na região onde você vive existem florestas plantadas? O que você acha dessa ideia?

Converse com os colegas a respeito.

LEIA MAIS

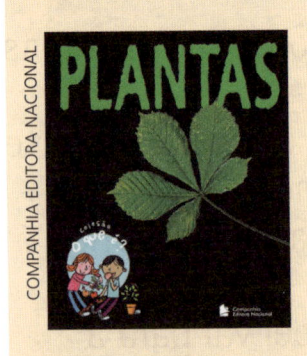

Plantas

Coleção O Que É?

Charline Zeitoum. Companhia Editora Nacional, 2005.

As plantas são muito úteis: elas dão frutas, legumes, algodão e até mesmo papel. Com Luiza e Nicolau, você vai realizar experiências para desvendar todos os mistérios do mundo das plantas.

LIÇÃO 6 — NUTRIÇÃO DAS PLANTAS

Observe a imagem a seguir.

Na experiência de germinação do feijão e do crescimento das raízes você precisou oferecer algumas condições para as plantas:
- Na germinação do feijão você precisou manter o algodão sempre molhado, úmido.
- No crescimento das raízes você precisou colocá-la em um recipiente com água e mantê-la na claridade.

Analisando esses dois casos, percebemos que, para uma planta viver, a água e a luz são fundamentais.

Vamos ver qual é a importância desses elementos para as plantas.

A fotossíntese

Todo ser vivo precisa de nutrientes. Alguns deles têm função energética, isto é, fornecem energia. Outros formam ou repõem as partes do organismo que morrem ou são gastas no crescimento e na reprodução.

No caso das plantas, elas produzem os próprios nutrientes a partir da água, da luz e do gás carbônico presente na atmosfera.

Esse processo é chamado fotossíntese.

A fotossíntese ocorre principalmente nas folhas, mas também em outras partes nas quais há clorofila, o pigmento que dá a cor verde aos vegetais.

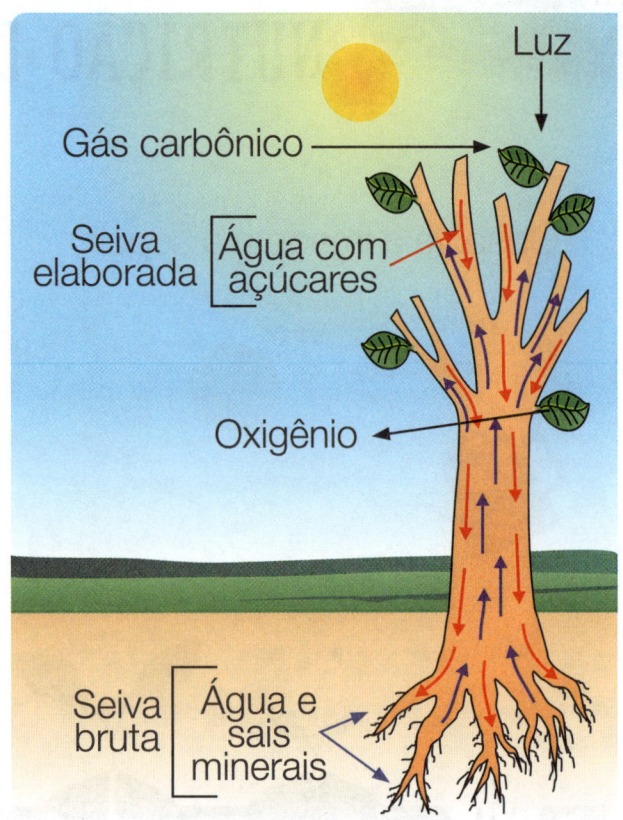

ILUSTRAÇÃO FORA DE ESCALA. CORES ILUSTRATIVAS.

Nas folhas, na presença da luz e da clorofila, ocorre uma reação química entre a água e o gás carbônico, formando a glicose, o açúcar essencial à nutrição das plantas.

Além de gerar a glicose, a fotossíntese libera gás oxigênio para a atmosfera. A água para o processo da fotossíntese é absorvida do solo, com outros minerais, formando o que denominamos seiva bruta.

A seiva bruta é transportada da raiz até as folhas por vasos condutores. Nas folhas, a glicose produzida mistura-se à água, formando a seiva elaborada, que é transportada por todo o vegetal para a produção de outros nutrientes.

66

ATIVIDADES

1 A família Silva gosta de ter plantas dentro de casa. Eles regam as plantas quando necessário e sempre mantêm as cortinas abertas durante o dia.

a) A família Silva oferece condições para que as plantas sobrevivam?

☐ Sim. ☐ Não.

b) A família Silva vai viajar por um mês e por isso a casa deles ficará fechada. Você acha que as plantas vão sobreviver nessa condição?

☐ Sim. ☐ Não.

c) Que atitudes a família Silva deve adotar com relação às plantas durante o período que viajam?

_____
_____
_____
_____

2 O que os nutrientes fornecem aos seres vivos?

_____

_____

3 Como as plantas conseguem seus nutrientes?

_____

_____

4 Assinale os elementos necessários às plantas para que realizem a fotossíntese.

☐ Solo. ☐ Água. ☐ Gás oxigênio.

☐ Gás carbônico. ☐ Luz solar. ☐ Clorofila.

☐ Sais minerais.

5 Em que parte da planta é realizada a fotossíntese?

_____

6 Complete as afirmações.

a) Na fotossíntese, as plantas absorvem _____ e _____ gás oxigênio.

b) A mistura de água e nutrientes minerais que circula nos vegetais chama-se _____.

c) A _____ é distribuída das folhas para toda a planta.

d) Nas folhas ocorre uma reação química entre a _____ e o _____, formando a _____.

EU GOSTO DE APRENDER

Leia os itens que você estudou nesta lição.
- A água e a luz são fundamentais para a sobrevivência das plantas.
- Os vegetais produzem nutrientes por meio da fotossíntese, que ocorre principalmente nas folhas e em outras partes verdes em que há clorofila.
- A fotossíntese produz a glicose, açúcar essencial para a nutrição das plantas, além de liberar oxigênio para a atmosfera.
- A seiva bruta é a mistura de água e sais minerais absorvidos no solo pelas raízes das plantas. Ao chegar às folhas, por meio dos vasos condutores, a glicose produzida mistura-se à água, formando a seiva elaborada.

ATIVIDADES

1 Você e sua família cultivam plantas?

☐ Sim.   ☐ Não.

2 Como vocês cuidam das plantas que cultivam?

_____
_____

3 Quem cuida das plantas?

_____

4 Quais são as plantas que vocês cultivam?

_____
_____

LIÇÃO 7

OS OBJETOS DO COTIDIANO

Observe as imagens a seguir.

Os materiais usados para fazer os objetos

As imagens da página anterior mostram objetos comuns do dia a dia. Na produção atual desses objetos, são empregados diferentes tipos de material.

Se você olhar a caneta esferográfica, por exemplo, verá que é feita de tinta, plástico e metal. As embalagens longa vida de leite e suco, embora pareçam ser feitas de papel quando as observamos por fora, são compostas por material plástico chamado polietileno, papel e alumínio dispostos em camadas. Veja o esquema a seguir.

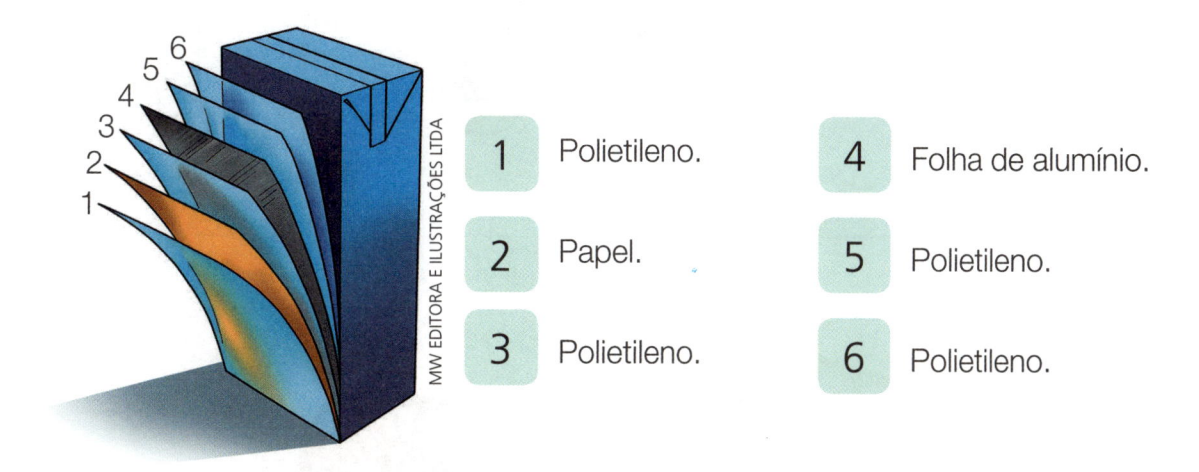

1	Polietileno.	4	Folha de alumínio.
2	Papel.	5	Polietileno.
3	Polietileno.	6	Polietileno.

Esquema da estrutura de uma embalagem longa vida.

Essas embalagens permitem que o produto não precise ser refrigerado, pois o conservam mesmo em temperatura ambiente por longo prazo.

ATIVIDADES

1 Indique do que são feitos os outros objetos das imagens da página 70.

a) Carrinho de brinquedo: _____

b) Carteira escolar: _____

c) Mochila escolar: _____

d) Tênis: _____

e) Garrafa: _____

2 Você sabe de que eram feitos alguns desses objetos no passado?

Agora, veja algumas imagens de como eram esses objetos no passado e de que materiais eram feitos.

Carrinho de brinquedo com pedal, década de 1960. Era feito em metal.

Garrafa de leite de vidro. Até os anos 1980, ainda era possível comprar leite em garrafas de vidro, que foram substituídas por embalagens longa vida e garrafas de plástico.

A carteira escolar era totalmente de madeira; algumas podiam ter as pernas de metal, diferentemente das carteiras escolares da atualidade.

Até surgirem as mochilas escolares na década de 1970, os alunos levavam seus livros em pastas de couro ou sacolas de tecido.

Tênis de couro era o calçado esportivo usado no final do século XIX. Depois surgiram os de tecido de lona e atualmente há os de tecido sintético.

Por quase cem anos, a caneta tinteiro prevaleceu como utensílio para a escrita, até surgirem as canetas esferográficas nos anos 1940-1950.

73

Conforme se estudam as características dos materiais e se desenvolvem novos, muitos objetos que tradicionalmente eram feitos com um material passam a ser feitos com outros. Por que isso ocorre?

Veja o caso da embalagem de leite de vidro. Será que a substituição dela por sacos plásticos, primeiro, e, depois, por embalagens longa vida trouxe algum benefício?

O vidro quebra com facilidade; já a embalagem de plástico não, assim como a de longa vida. Na embalagem de vidro o leite precisa ser refrigerado e consumido rapidamente; na embalagem longa vida ele pode ser mantido fora da geladeira por vários meses, antes de ser consumido.

No caso das malas escolares de couro, a capacidade de acondicionar os livros era limitada, já que o couro não estica tanto quanto os tecidos de que são feitas as mochilas na atualidade. O couro, nesse caso, é menos flexível que o tecido.

E a caneta tinteiro? Só se percebia que a tinta havia acabado quando ela começava a falhar e, então, era preciso enchê-la de tinta. Já a maior parte das canetas esferográficas permite visualizar quando a tinta vai terminar e, assim, sabemos que logo precisaremos de outra, porque a carga de tinta está dentro de um cartucho de plástico transparente.

ATIVIDADES

1 Cleuza precisa comprar ovos, mas quer ter certeza de que não haverá ovo quebrado dentro da caixa que comprar. Qual embalagem ela deve escolher ao comprar os ovos?

2 Paulo vai brincar de transportar pedrinhas. Qual dos caminhões você acha que conseguirá durar mais transportando as pedrinhas?

☐   ☐

3 Maria vai fazer uma caixinha de madeira para guardar suas bijuterias, mas quer ver sempre o que tem dentro da caixa. De que material ela deve fazer a tampa?

☐ Madeira.   ☐ Vidro.   ☐ Papel.

☐ Metal.   ☐ Tecido.

4 A família de Rodrigo vai viajar nas férias. Sabendo que todos iam trazer muitas lembranças da viagem, de que tipo de material deve ser a mala que eles vão levar?

☐   ☐   ☐

Mala dura de policarbonato.   Mala flexível de microfibra.   Mala de couro.

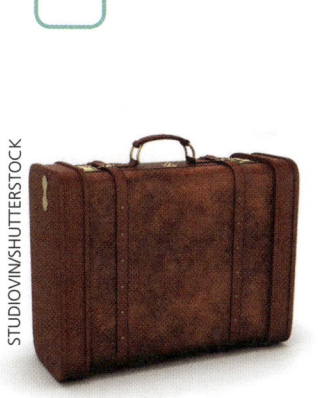

5 Henrique foi à feira comprar bananas para sua mãe e o feirante embrulhou-as em folhas de jornal. Uma das bananas amassou durante o caminho. Quando chegou em casa, a mãe de Henrique viu o jornal e disse que ia guardá-lo para usar em outras coisas. Isso vai ser possível?

☐ Sim. ☐ Não.

6 Beatriz está ajudando seus pais na festa da família. Eles estão oferecendo uma feijoada aos parentes.

a) Na hora de servir, Beatriz quis usar um pratinho de papelão. Isso vai dar certo?

☐ Sim. ☐ Não.

b) Por quê?

_____

_____

7 A bola é um brinquedo universal, e em todos os lugares há brincadeiras com bolas. Elas podem ser feitas em madeira, couro, tecido, plástico, vidro, metal e muitos outros materiais.

Bola de madeira. | Bola de vidro. | Bola de couro. | Bola de plástico. | Bola de metal.

• Considerando as bolas das imagens, qual delas parece mais difícil chutar?

_____

76

EU GOSTO DE APRENDER

Nesta lição você viu:
- Que existe um tipo de material mais adequado para fazer os objetos.
- Que no passado muitos objetos do dia a dia eram de materiais diferentes.
- Que os materiais são usados na fabricação dos objetos por causa de características como transparência e opacidade, dureza e flexibilidade.

ATIVIDADE

Você conhece a brincadeira joquempô ou pedra, papel, tesoura?

É uma brincadeira muito conhecida que exige dois jogadores. Vejas algumas regras dessa brincadeira.

- Com uma das mãos para trás, cada participante se prepara fazendo a posição pedra, papel ou tesoura.

Pedra

Papel

Tesoura

- Um dos participantes conta até três e diz **"Já!"**. Os dois participantes devem mostrar a mão na posição que escolheram ao mesmo tempo.

Conhecendo características de dureza e flexibilidade dos materiais, você consegue dizer qual ganha de qual?

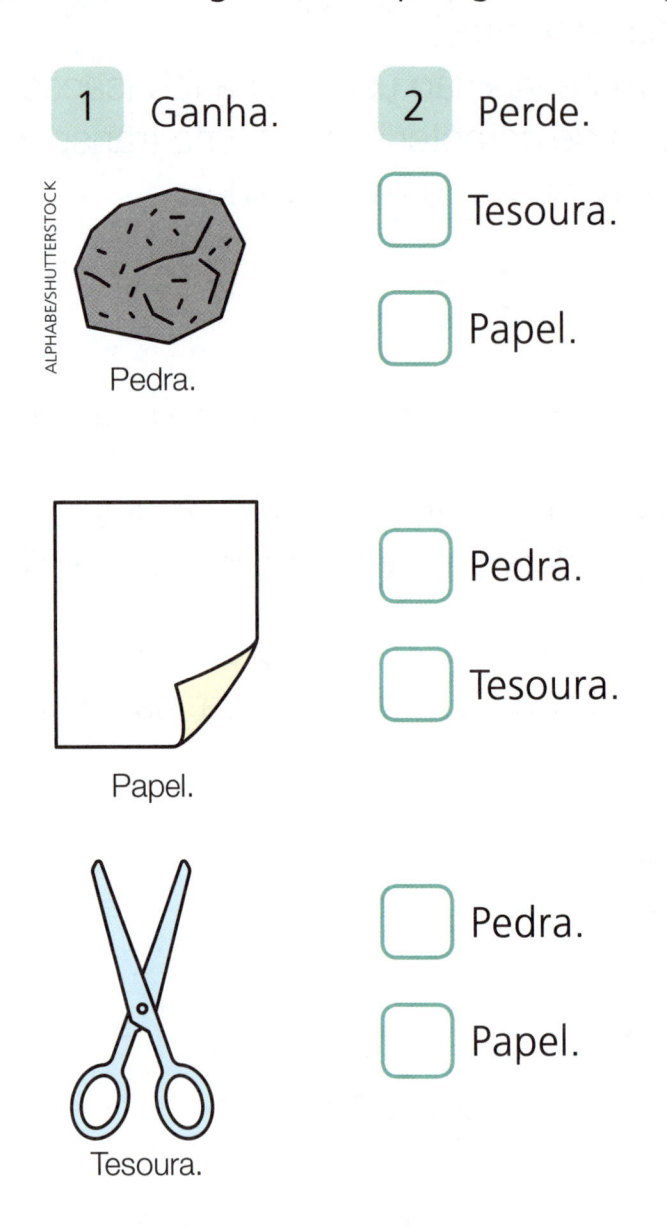

1 Ganha.	2 Perde.
Pedra.	☐ Tesoura. ☐ Papel.
Papel.	☐ Pedra. ☐ Tesoura.
Tesoura.	☐ Pedra. ☐ Papel.

Compartilhe sua resposta com os colegas, compare com as deles e conversem sobre o porquê das opções escolhidas por vocês.

EU GOSTO DE APRENDER MAIS

Você já ouviu falar em *origami*? É uma técnica de fazer esculturas com dobras no papel.

Tudo indica que essa técnica surgiu na China e se desenvolveu no Japão há muitos séculos.

Dobrando-se o papel de modo certo, é possível fazer animais, objetos, plantas e muitas outras coisas, pois a imaginação e a criatividade não têm fim quando se fala em *origami*. Veja o passo a passo de um *origami* de cachorro.

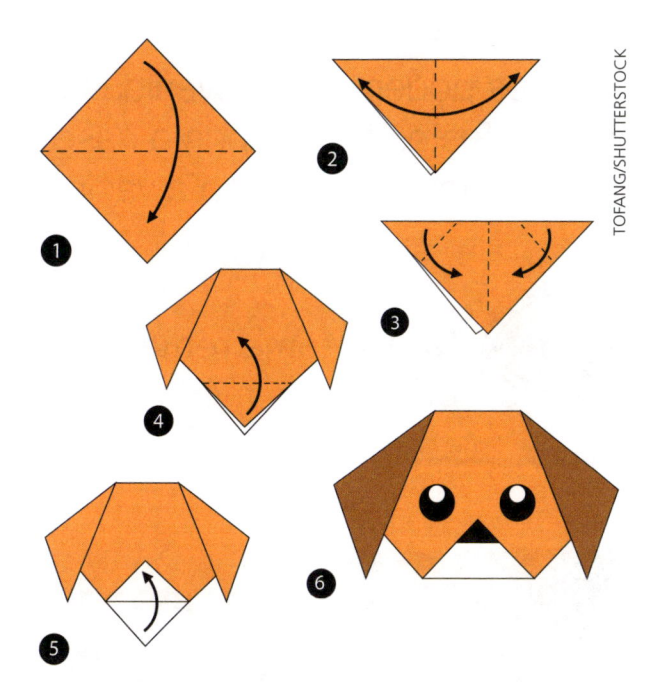

TOFANG/SHUTTERSTOCK

ATIVIDADE COMPLEMENTAR

- Imagine que você quer fazer uma escultura com apenas a dobra de um tipo de material. Qual deles você escolheria?

☐ Vidro.   ☐ Metal.   ☐ Plástico.

Por que você acha que obteria sucesso com o material que escolheu? Comente com os colegas.

79

LIÇÃO 8
PREVENÇÃO DE DOENÇAS E DE ACIDENTES

As pessoas podem ficar doentes ao longo da vida. Algumas doenças podem ser tratadas e curadas. Outras são graves e, mesmo sendo tratadas, não têm cura.

Algumas pessoas nascem com doenças hereditárias, ou seja, que passam dos pais para os filhos, como a miopia, distúrbio que dificulta enxergar de longe.

Muitas enfermidades podem ser prevenidas por meio da boa alimentação e higiene. Testes feitos após o nascimento também são práticas de prevenção, assim como a vacinação.

Nunca tome remédios sem orientação médica.

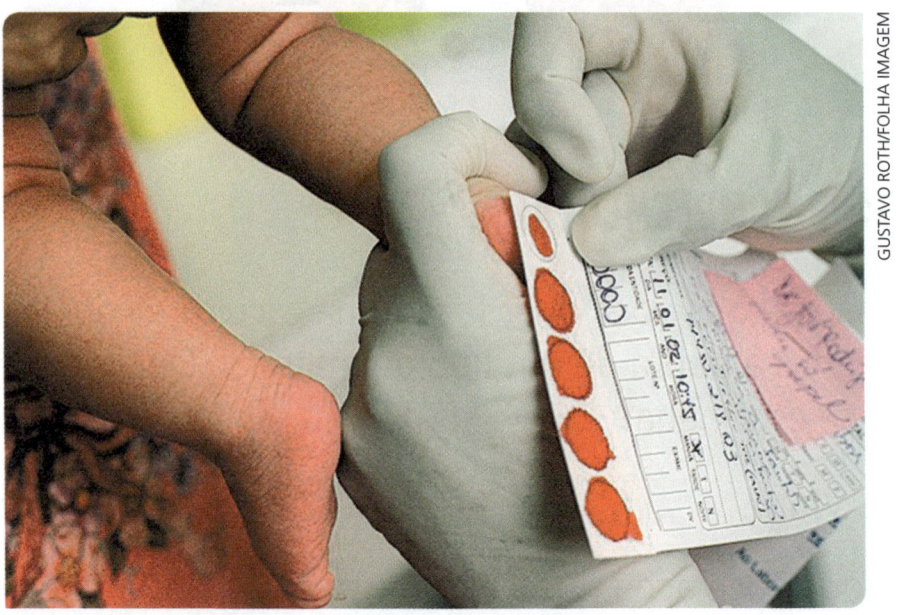

O teste do pezinho é um exame simples e gratuito que indica a presença ou não de algumas doenças no bebê.

Prevenindo doenças

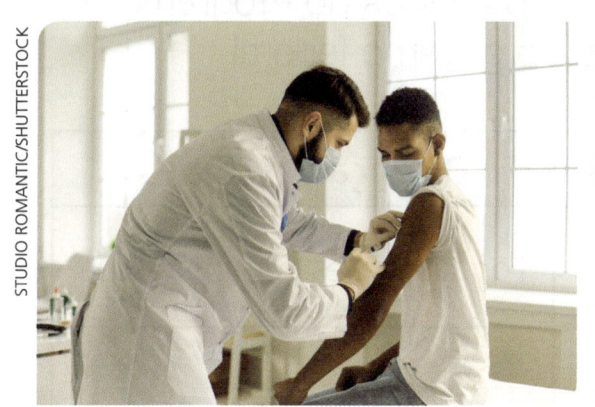

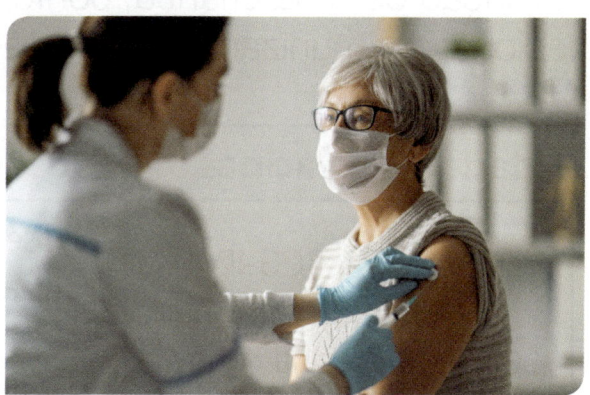

As vacinas previnem doenças causadas por seres muito pequenos chamados vírus e bactérias. É por isso que as vacinas obrigatórias são controladas no cartão de vacinação de cada criança. Elas evitam doenças como: tuberculose, coqueluche, paralisia infantil (poliomielite), difteria, tétano, sarampo, rubéola e hepatite.

Para defender o corpo dos ataques dos agentes externos, nossa primeira barreira é a pele.

Por tal motivo, é muito importante manter a pele saudável. Assim, procure protegê-la quando ficar exposto ao sol. Se, mesmo assim, você sofrer algum corte ou lesão na pele, procure mantê-la limpa, fazendo a **assepsia** no local e colocando remédio para evitar infecção.

VOCABULÁRIO

assepsia: cuidados de higiene que impedem a contaminação ou o surgimento de infecções.

Durante o crescimento, todas as crianças devem receber vacinas. Observe, na tabela a seguir, o calendário básico de vacinação de uma criança, conforme os dados do Programa Nacional de Imunização-Vacinação do governo federal.

Idade	Vacinas	Doses	Doenças evitadas
Ao nascer	BCG-ID	Dose única	Formas graves de tuberculose
Ao nascer	Vacina contra hepatite B	1ª dose	Hepatite B
1 mês	Vacina contra hepatite B	2ª dose	Hepatite B
2 meses	VORH (vacina oral de rotavírus humano)	1ª dose	Diarreia por rotavírus
2 meses	VOP (vacina oral contra pólio)	1ª dose	Poliomielite (paralisia infantil)
2 meses	Vacina tetravalente (DTP + Hib)	1ª dose	Difteria, tétano, coqueluche, meningite e outras infecções causadas pelo *Haemophilus influenzae* tipo B
4 meses	VORH (vacina oral de rotavírus humano)	2ª dose	Diarreia por rotavírus
4 meses	VOP (vacina oral contra pólio)	2ª dose	Poliomielite (paralisia infantil)
4 meses	Vacina tetravalente (DTP + Hib)	2ª dose	Difteria, tétano, coqueluche, meningite e outras infecções causadas pelo *Haemophilus influenzae* tipo B

6 meses	VOP (vacina oral contra pólio)	3ª dose	Poliomielite (paralisia infantil)
	Vacina tetravalente (DTP + Hib)	3ª dose	Difteria, tétano, coqueluche, meningite e outras infecções causadas pelo *Haemophilus influenzae* tipo B
	Vacina contra hepatite B	3ª dose	Hepatite B
9 meses	Vacina contra febre amarela	Dose inicial	Febre amarela
12 meses	SCR (tríplice viral)	1ª dose	Sarampo, rubéola e caxumba
15 meses	VOP (vacina oral contra pólio)	Reforço	Poliomielite (paralisia infantil)
	DTP (tríplice bacteriana)	1º reforço	Difteria, tétano e coqueluche
De 4 a 6 anos	DTP (tríplice bacteriana)	2º reforço	Difteria, tétano e coqueluche
	SCR (tríplice viral)	Reforço	Sarampo, rubéola e caxumba
10 anos	Vacina contra febre amarela	Reforço	Febre amarela

É dever dos governantes promover campanhas de vacinação e é dever dos pais ou responsáveis levar as crianças para serem vacinadas.

Toda criança tem um documento para o registro das vacinas que recebe. Consulte esse documento e veja se recebeu todas as doses de vacinas necessárias.

Prevenindo acidentes

Para evitar acidentes, devemos tomar cuidado em vários tipos de situações que oferecem certo perigo. Essas situações podem ocorrer nos mais diversos lugares: em casa, na rua, na escola, ao andar de carro, em praças ou em parques.

Veja alguns cuidados que você pode tomar:

- não mexa em panela no fogo nem fique perto do fogão;
- atravesse a rua somente no sinal verde para o pedestre;
- não brinque com fósforos, bombinhas ou líquidos inflamáveis, como gasolina ou álcool líquido;
- não tome remédios sem prescrição médica;
- não mexa em tomadas ou fios elétricos, principalmente danificados;
- não solte pipas perto de fios elétricos e jamais aplique cerol na linha para empinar a pipa;
- não mexa em facas ou outros objetos cortantes;
- jamais corra com vidros ou objetos pontiagudos e cortantes na mão;
- não ponha na boca plantas que você não sabe se podem fazer mal;
- não acaricie cães e gatos bravos ou que você não conhece;
- ao andar de bicicleta, *skate* ou patins, use capacete para proteção da cabeça em caso de queda;
- ao andar de carro, as crianças devem sentar no banco de trás e usar o cinto de segurança de três pontos – bebês e crianças de até 4 anos de idade devem usar assento especial no banco de trás.

ATIVIDADES

1 A vacina tetravalente é usada na prevenção de quais doenças?

_____

_____

_____

_____

_____

_____

2 O que significa SCR? Escreva a seguir.

S: _____

C: _____

R: _____

3 Ordene as sílabas a seguir e forme nomes de algumas doenças que podem ser evitadas com vacinas.

a) xum-ba-ca – _____

b) ta-no-té – _____

c) sa-po-ram – _____

d) lu-co-che-que – _____

e) pa-te-he-ti – _____

4 Que seres muito pequenos podem causar doenças?

_____

5 O que pode proteger nossa saúde?

_____

_____

6 Escreva os nomes de duas doenças que você já teve e de duas vacinas que já tomou. Peça ajuda a um adulto de sua família para responder.

a) Doenças: _____

_____

b) Vacinas: _____

_____

7 Escreva alguns cuidados que devemos ter para evitar acidentes.

_____

_____

_____

_____

_____

_____

_____

EU GOSTO DE APRENDER

Nesta lição, você aprendeu que:
- Algumas doenças podem ser tratadas e curadas; outras são graves e não têm cura.
- É importante saber prevenir doenças e procurar um médico, caso ocorra algum problema.
- As vacinas nos protegem de doenças causadas por vírus e bactérias.
- A pele é a primeira barreira para defender nosso corpo dos ataques dos agentes externos.
- Durante o crescimento, todas as crianças devem receber vacinas obrigatórias.
- Os governantes têm o dever de promover campanhas de vacinação, e os pais, de levar as crianças para serem vacinadas.
- Devemos tomar cuidado em vários tipos de situações que oferecem certo perigo para evitar acidentes em casa, na rua, na escola, ao andar de carro, em praças e em parques.

LEIA MAIS

A prudência em pequenos passos

Sylvie Girardet. Ilustrações de Puig Rosado. São Paulo: Companhia Editora Nacional, 2006.

Em casa, na rua e na escola ocorrem fatos corriqueiros e simples que escondem muitos perigos. Essa obra mostra como evitá-los e aprender a ser mais prudente!

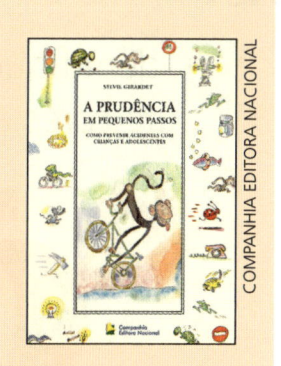

EU GOSTO DE APRENDER MAIS

Os problemas da visão

Você sabe para que servem os óculos? Ao usá-los, é possível corrigir certos problemas de visão. Os problemas de visão mais comuns são: vistas borradas, dificuldade para enxergar objetos que estão perto, dificuldade para enxergar objetos que estão longe e há também pessoas que têm dificuldade de diferenciar cores.

Os óculos funcionam apenas para a pessoa que recebeu a orientação médica para utilizá-los. Devem ser usados apenas por quem necessita deles. O oftalmologista é o médico que examina os olhos e indica se a pessoa precisa de óculos ou não e determina qual é a lente correta para cada problema.

Quando sentimos algum desconforto para enxergar ou mesmo dor de cabeça constante, é preciso avisar aos adultos para verificar se não estamos com problemas de visão.

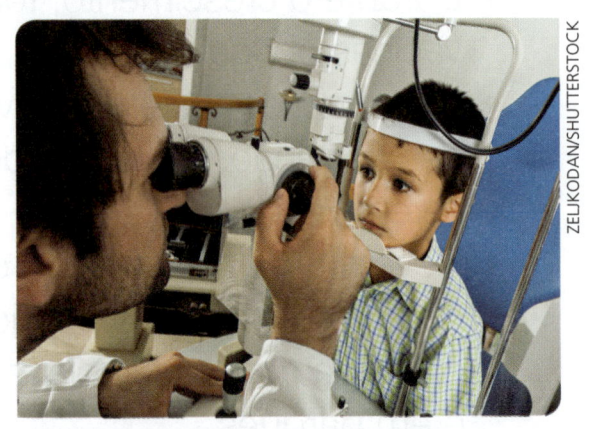

Oftalmologista realizando exame nos olhos de um menino.

ATIVIDADE COMPLEMENTAR

- Identifique as cores numeradas que aparecem no disco de cores a seguir.

_____
_____
_____

Coleção

Eu gosto m@is

ALMANAQUE

Seres vivos e elementos não vivos

Pinte de:

- azul-escuro a água;
- verde as plantas;
- azul-claro o céu;
- diferentes cores os animais;
- marrom a terra;
- verde-escuro as montanhas.

Cata-vento

Que tal montar o seu cata-vento para perceber o ar em movimento?

Materiais necessários

- folha de papel sulfite;
- tesoura sem ponta;
- cola;
- lápis de cor;
- tachinha;
- uma varinha de madeira.

Procedimento

- Desenhe no papel sulfite um quadrado de 16 cm × 16 cm. Divida-o em oito partes.

- Recorte o quadrado.

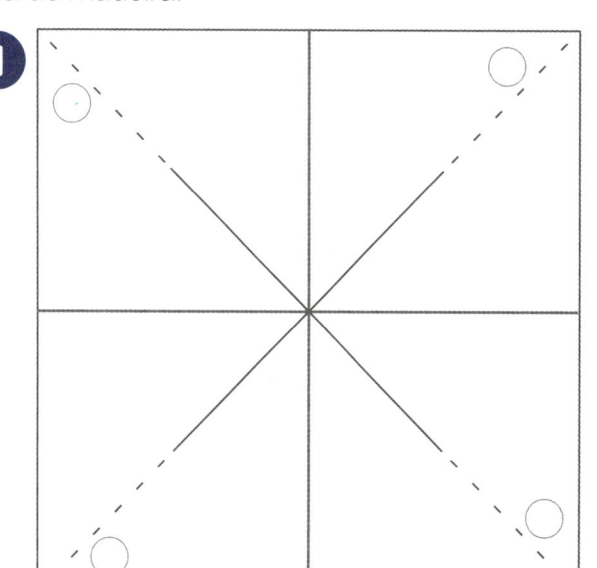

- Pinte, com as cores que desejar, as partes marcadas (veja ilustração do passo 1) com um círculo.

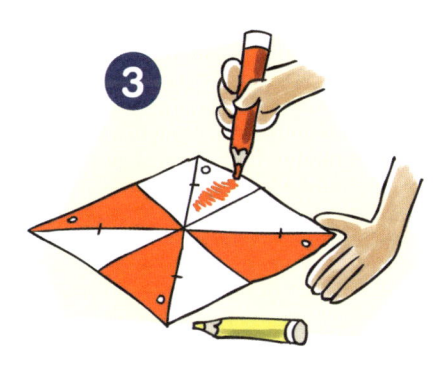

- Recorte sobre as linhas tracejadas.

- Passe cola no centro do papel e cole as pontas das partes que não estão pintadas. Prenda na varinha de madeira com a tachinha.

Parte integrante da Coleção Eu gosto m@is – Ciências 2º ano – IBEP.

Dia da Árvore

Em **21 de setembro** comemoramos o Dia da Árvore.

As árvores são importantes para todos os seres e para a natureza, porque dão sombra, flores, frutos e ajudam a purificar o ar.

- Escreva uma frase sobre esta imagem.

　_____
　_____
　_____
　_____

- Procure observar uma árvore plantada em sua casa, na rua em que você mora ou mesmo próximo à escola e responda às seguintes perguntas.

a) Que tipo de árvore você observou? É uma árvore frutífera?

　_____

b) De onde você acha que ela nasceu? De uma semente ou de uma muda?

　_____

c) A árvore é alta ou baixa?

　_____

d) Como é o tronco? Tem casca grossa ou fina?

　_____

e) Como são as folhas?

　_____

f) Do que a árvore se alimenta?

　_____

- Procure no dicionário o significado da palavra **preservar**. Leia-o e depois escreva com suas palavras o significado.

　_____

Flores e frutos

- Trace o caminho da menina até as flores.

- Ligue os pontos para formar a figura de uma fruta. Depois, pinte o desenho.

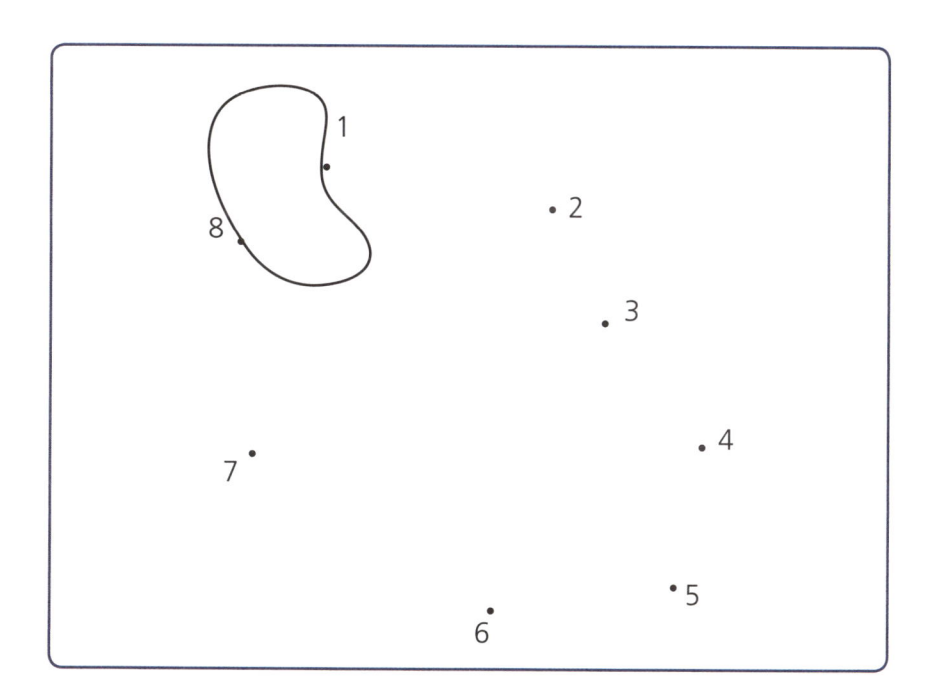

Parte integrante da Coleção Eu gosto m@is – Ciências 2º ano – IBEP.

- Destaque os adesivos de frutos do final do livro e cole cada um no quadro correspondente à sua planta.

Mangueira.

Macieira.

Figueira.

Bananeira.

Cuidando da saúde

- A vacinação é uma forma de cuidar da saúde. A vacina protege as pessoas das doenças. Você conhece o Zé Gotinha?
- Olhe com atenção e descubra qual figura do Zé Gotinha está diferente em cada linha.

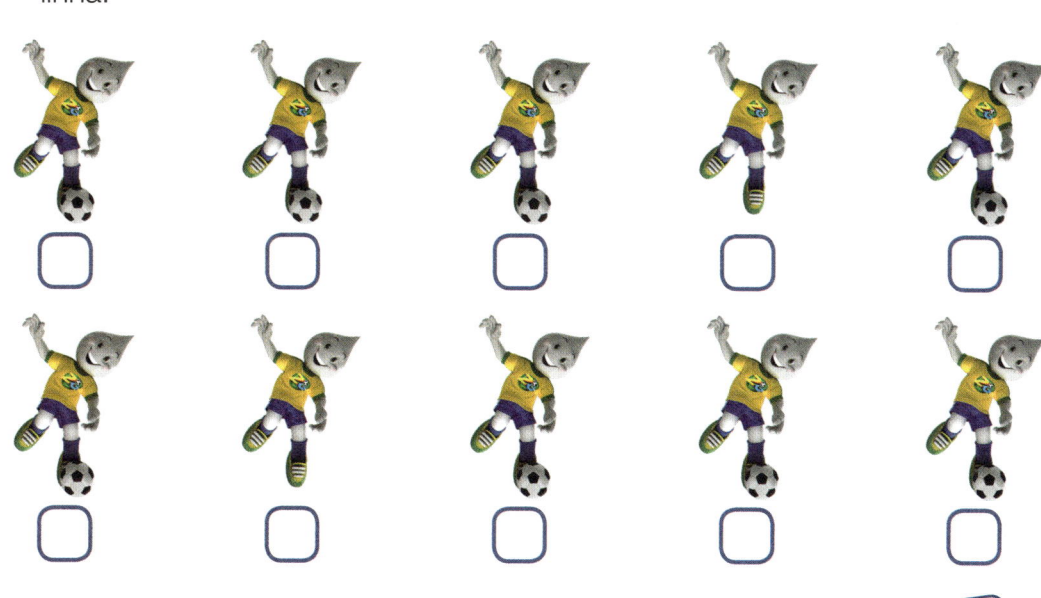

- Para saber a mensagem do Zé Gotinha, substitua os símbolos pela letra correspondente.

A = △   C = □   D = ◔   E = ⋈

G = ▷   I = ◿   N = ○   O = ▭

P = ▱   R = ◇   S = ⇨   T = ⏐

Ú = ▭   V = ☆

Quem sabe mais?

- Nas páginas 97 a 103 você vai encontrar cartelas para jogar com seus colegas.
- Prepare-se!

Material
- cartões recortados das cartelas 1, 2, 3 e 4;
- feijões ou pedrinhas para marcar os pontos.

Como jogar
- Distribuam os cartões entre quatro jogadores, fazendo um monte de cartões para cada um, todos virados para baixo.
- Sorteiem quem vai começar o jogo.
- O primeiro jogador pega um cartão e lê o que está escrito.
- Se souber a resposta, ganha o número de pontos indicado no cartão.
- O jogo continua até os cartões terminarem.
- Ganha quem fizer o maior número de pontos.

Atenção: este jogo precisa de um juiz para avaliar se as respostas estão corretas, caso haja discordância entre os jogadores.

Parte integrante da Coleção Eu gosto m@is – Ciências 2º ano – IBEP.

CARTELA 1 – QUEM SABE MAIS?

2 pontos	2 pontos
Diga o nome de um objeto fabricado pelo ser humano.	Diga o nome de um alimento usado para dar sabor à comida. |apu
2 pontos	**2 pontos**
Por que dizemos que uma pedra não tem vida?	Quais são os principais elementos não vivos do ambiente?
2 pontos	**2 pontos**
Existe água no ar e no solo?	Diga o nome de uma árvore.

ALMANAQUE

Parte integrante da Coleção Eu gosto m@is – Ciências 2º ano – IBEP.

CARTELA 2 – QUEM SABE MAIS?

2 pontos	2 pontos
Diga o nome de um animal aquático.	Diga o nome de uma planta com flor.

2 pontos	2 pontos
Cite uma planta da horta.	Diga o nome de um animal que vive em ambiente gelado.

2 pontos	2 pontos
O que usamos no carro para nossa segurança?	Qual material é mais flexível: o vidro ou o papel?

Parte integrante da Coleção Eu gosto m@is – Ciências 2º ano – IBEP.

CARTELA 3 – QUEM SABE MAIS?

4 pontos	4 pontos
O que a clorofila absorve do ambiente?	Quais são as partes das plantas que florescem?

4 pontos	4 pontos
Para que servem as flores?	Por que as sementes de feijão não germinam no pacote?

4 pontos	4 pontos
O que precisamos fazer para a batata germinar?	Qual a função das sementes?

Parte integrante da Coleção Eu gosto m@is – Ciências 2º ano – IBEP.

CARTELA 4 – QUEM SABE MAIS?

ALMANAQUE

5 pontos	**5 pontos**
Que parte da planta é o palmito?	Diga o nome de três folhas comestíveis.
5 pontos	**5 pontos**
Que parte da planta é a mandioca?	Que planta vive na Amazônia?
5 pontos	**5 pontos**
Diga o nome de uma vacina.	Em que horário a sombra dos objetos é menor?

Parte integrante da Coleção Eu gosto m@is – Ciências 2º ano – IBEP.

- Cole os adesivos na atividade da página 94.

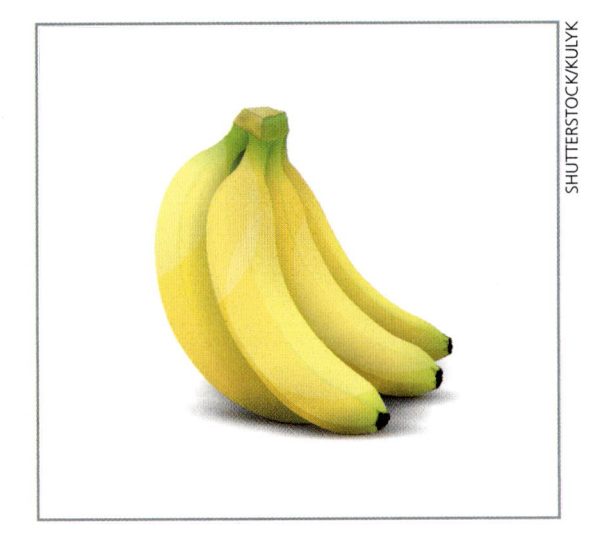